BEI GRIN MACHT SICH IHR WISSEN BEZAHLT

- Wir veröffentlichen Ihre Hausarbeit, Bachelor- und Masterarbeit

- Ihr eigenes eBook und Buch - weltweit in allen wichtigen Shops

- Verdienen Sie an jedem Verkauf

Jetzt bei www.GRIN.com hochladen und kostenlos publizieren

Bibliografische Information der Deutschen Nationalbibliothek:

Die Deutsche Bibliothek verzeichnet diese Publikation in der Deutschen Nationalbibliografie; detaillierte bibliografische Daten sind im Internet über http://dnb.d-nb.de/ abrufbar.

Dieses Werk sowie alle darin enthaltenen einzelnen Beiträge und Abbildungen sind urheberrechtlich geschützt. Jede Verwertung, die nicht ausdrücklich vom Urheberrechtsschutz zugelassen ist, bedarf der vorherigen Zustimmung des Verlages. Das gilt insbesondere für Vervielfältigungen, Bearbeitungen, Übersetzungen, Mikroverfilmungen, Auswertungen durch Datenbanken und für die Einspeicherung und Verarbeitung in elektronische Systeme. Alle Rechte, auch die des auszugsweisen Nachdrucks, der fotomechanischen Wiedergabe (einschließlich Mikrokopie) sowie der Auswertung durch Datenbanken oder ähnliche Einrichtungen, vorbehalten.

Impressum:

Copyright © 2018 GRIN Verlag
Druck und Bindung: Books on Demand GmbH, Norderstedt Germany
ISBN: 9783668925878

Dieses Buch bei GRIN:

https://www.grin.com/document/463302

Lukas Hübner

Sport- und Vereinsrecht. Eine Analyse anhand von RB Leipzig

GRIN Verlag

GRIN - Your knowledge has value

Der GRIN Verlag publiziert seit 1998 wissenschaftliche Arbeiten von Studenten, Hochschullehrern und anderen Akademikern als eBook und gedrucktes Buch. Die Verlagswebsite www.grin.com ist die ideale Plattform zur Veröffentlichung von Hausarbeiten, Abschlussarbeiten, wissenschaftlichen Aufsätzen, Dissertationen und Fachbüchern.

Besuchen Sie uns im Internet:

http://www.grin.com/

http://www.facebook.com/grincom

http://www.twitter.com/grin_com

Deutsche Hochschule für
Prävention und Gesundheitsmanagement
Hermann Neuberger Sportschule 3
66123 Saarbrücken

Einsendeaufgabe

Fachmodul:	Sport- und Vereinsrecht
Studiengang:	Sportökonomie
Datum Präsenzphase:	03.09. – 05.09.2018
Name, Vorname:	Hübner, Lukas
Studienort:	**Hamburg**
Semester:	**Wintersemester 2016**

Inhaltsverzeichnis

1 GRUNDLAGEN IM SPORT- UND VEREINSRECHT 3

   1.1 Beurteilung wirtschaftlicher Verein anhand Struktur, Organigramm und Satzung 3

   1.2 Beurteilung wirtschaftlicher Verein anhand GuV 3

   1.3 Beurteilung wirtschaftlicher Verein anhand Schreibweise, Logo, Sponsoring und Homepage. 4

   1.4 Konsequenzen 4

   1.5 Zusammenfassung 5

   1.6 Strukturelle Veränderung des RasenBallsport Leipzig e.V. 5

2 HAFTUNG IM SPORT 6

   2.1 Haftung – Teil I 6

   2.2 Haftung – Teil II 7

   2.3 Haftung – Teil III 7

3 „ARBEITSRECHT" IM SPORT 8

   3.1 „Arbeitsrecht"/Sozialversicherungsrecht – Fall I 8

   3.2 „Arbeitsrecht"/Steuerrecht – Fall II 8

   3.3 „Arbeitsrecht"/Sozialversicherungsrecht – Fall III 9

4 SPONSORINGVERTRAG 10

5 STEUERLICHE ASPEKTE IM SPORT- UND VEREINSRECHT 12

   5.1 Steuerliche Sphären 12

   5.2 Umsatzsteuer 13

6 LITERATURVERZEICHNIS 14

7 ABBILDUNGSVERZEICHNIS 14

1 Grundlagen im Sport- und Vereinsrecht

Der RasenBallsport Leipzig e.v. ist, wie es die Namensgebung bereits ausdrückt ein, beim Amtsgericht Leipzig in das Vereinsregister eingetragener Fußballverein. Der Verein wurde am 19. Mai 2009 gegründet und ist seit der Saison 2016/17 Teil der ersten Bundesliga (Holzschuh, 2018, S. 103-105). Die Basis der folgenden Aufgaben bilden die Daten des Vereins aus dem Jahr 2014, als sich der Verein in der zweiten Bundesliga befand.

1.1 Beurteilung wirtschaftlicher Verein anhand Struktur, Organigramm und Satzung

Die Grundlage für eine Beurteilung, ob es sich bei dem RasenBallsport Leipzig e.v. um einen wirtschaftlichen Verein handeln könnte, bildet das Bürgerliche Gesetzbuch mit den Paragraphen §§ 21 f.. Hier wird eine Differenzierung eines wirtschaftlichen- von einem nichtwirtschaftlichen Verein vorgenommen. Ein Hinweis, welcher für einen wirtschaftlichen Verein sprechen würde, findet man in der Vereinsstruktur. Schaut man sich hier die Mitgliederversammlung einmal genauer an, ist festzustellen, dass der Ehrenrat sowie der Vorstand aus hochrangigen Funktionären der Red Bull GmbH besteht. Weiter steht in der Satzung des Fußballvereins, dass lediglich die ordentlichen Mitglieder ein Wahl- und Stimmrecht haben. Da diese Mitglieder zu mehr als 50 Prozent aus Führungspersönlichkeiten der Gesellschaft mit beschränkter Haftung bestehen, ist zu vermuten, dass auch im Verein die wirtschafts- und marketingpolitischen Ziele der Red Bull GmbH angestrebt werden. Dieser Punkt spricht klar für einen, nach § 22 im Bürgerlichen Gesetzbuch definierten, wirtschaftlichen Verein.

1.2 Beurteilung wirtschaftlicher Verein anhand GuV

Um den Aspekt einer möglichen Wirtschaftlichkeit des Vereins weiter zu beleuchten, liegt die Gewinn- und Verlustrechnung des RasenBallsport Leipzig aus der Saison 2012/13 vor. Besonders auffällig ist hier, dass mehr als 52 Prozent der Erträge in der zweiten Bundesliga aus den Bereichen Werbung und Mediale Verwertung stammte. Dies bestärkt die bereits vorangegangene Vermutung, dass die Mitgliederversammlung des Vereins ein Erreichen der marketingpolitischen Ziele der Red Bull GmbH ebenfalls anstrebt. Eine weitere Auffälligkeit zeigt sich hier auch im Vergleich zum Vorjahr bei Aufwendungen für den Spielbetrieb und das dafür nötige Personal. Dieser Anstieg könnte damit zu erklären sein, dass der Verein sich mindestens in der zweiten Liga etablieren, wenn nicht sogar einen erneuten Aufstieg schaffen will. Vergleicht man nun die beiden Jahre ist zu erkennen, dass trotz drastisch gestiegener Ausgaben, die Bilanzsumme genau wie im Vorjahr nur leicht negativ ist. Dies lässt darauf schließen, dass der Hauptsponsor über ausreichend finanzielle Mittel verfügt um den Verein soweit zu unterstützen, dass die Bilanz in jedem Jahr nahezu neutral bleibt.

1.3 Beurteilung wirtschaftlicher Verein anhand Schreibweise, Logo, Sponsoring und Homepage

Das Logo des Fußballvereins zeigt unter anderem zwei rote Bullen, sowie den Schriftzug RB Leipzig. Hier ist eine sehr große Ähnlichkeit zum Logo der Red Bull GmbH zu erkennen. Dieses zeigt nämlich ebenfalls die unternehmenstypischen zwei roten Bullen sowie den Schriftzug Red Bull. Es ist also eine starke Assoziation des Logos vom Fußballverein, mit dem der GmbH gegeben. Ebenso die Tatsache, dass auf dem Logo und in der üblichen Schreibweise des Vereins nur die Rede von „RB Leipzig" ist, bietet eine starke Konnotation mit dem wirtschaftlichen Unternehmen.

Auch die Homepage des Vereins weist eine starke, unterschwellige Verbindung mit dem Unternehmen auf. So prägte zum Beispiel die Red Bull GmbH den Slogan „Red Bull verleiht Flügel", welcher unterschwellig in abgewandelter Form auch auf der Homepage des RasenBallsport Leipzig zu finden ist. Hier heißt es in einer Rubrik „Verleihen Sie Ihrer Karriere Flügel". Das sehr große Vergleichbarkeit der Designs von Logo und Homepage des wirtschaftlichen Unternehmens sowie des Fußballvereins wird dadurch komplettiert, dass es sich bei dem Hauptsponsor des Vereins um selbiges Unternehmen handelt (RasenBallsport Leipzig, 2018).

1.4 Konsequenzen

Sollte eine umfangreiche Prüfung des Finanzamtes ergeben, dass es sich bei RasenBallsport Leipzig e.V. nicht länger um einen gemeinnützigen Verein handelt, hätte dieses Urteil schwerwiegende steuerliche Folgen für den Verein. Sämtliche Einnahmen, die bis zur Aberkennung dieses Status zurückgehen müssen nachträglich versteuert werden.

Nicht nur diese nachträgliche Versteuerung wäre die Folge dieser neuen Klassifizierung sondern auch in Zukunft könnte der Verein nicht mehr die zahlreichen Steuervorteile des gemeinnützigen, eingetragenen Vereins nutzen. Somit müssten sämtliche Verkäufe mi den wirtschaftsüblichen 19 Prozent Umsatzsteuer belastet werden. Weitere Konsequenz wäre, dass der Verein mit dem Beschluss nicht länger von der Mehrwert- und Gewerbesteuer, sowie von der Umsatz- und Erbschaftssteuer befreit wäre.

1.5 Zusammenfassung

Anhand der vorangegangenen Prüfung verschiedener Aspekte, ist zusammenfassend zu sagen, dass es ein schmaler Grad zwischen einem noch ideellen und bereits wirtschaftlich agierenden Verein ist. Äußert viele Dinge wie zum Beispiel die Vereinsstruktur, welche aufzeigt, dass die Spitze des Vereins mit Funktionären der Red Bull GmbH besetzt ist und diese das alleinige Stimmrecht besitzen, deuten auf eine gewisse Wirtschaftlichkeit hin. Ebenso die starke Ähnlichkeit des Vereins gegenüber Dritten mit der GmbH lässt auf ein gewisses Einheitliches Design schließen.

Abschließend ist also festzuhalten, dass sich der Verein sicherlich in vielen Dingen in einer Grauzone befindet. Eine eindeutige Zuordnung zum ideellen oder wirtschaftlichen Verein ist also nur sehr schwer möglich.

1.6 Strukturelle Veränderung des RasenBallsport Leipzig e.V.

„RB Leipzigs 14 Mitglieder stimmen für Klub-Umbau". Diese Überschrift zierte einen Beitrag der Welt im Dezember 2014. Hier wird über die strukturelle Veränderung des RB Leipzig berichtet. In einer außerordentlichen Mitgliederversammlung wurde unter Anwesenheit von rund 40 Fördermitgliedern dafür gestimmt, die Profimannschaft bis zur U16 auszugliedern. Stimmrecht hierfür hatten allerdings nur 14 Vereinsmitglieder. Als neue Rechtsform wurde für eine Spielbetriebs-GmbH gestimmt. Grund für diese Ausgliederung war nach dem Vorstandsvorsitzenden Oliver Mintzlaff, dass man auf eine zunehmende Professionalisierung setzen muss um, der Konkurrenz weiterhin gewappnet zu sein. Ein nächster Grund hierfür war eine Forderung der Deutschen Fußball-Liga. Weiter beinhaltete die strukturelle Veränderung eine leichte Modifikation des Vereinslogos, sowie eine Neubesetzung der Führungsgremien, sodass die Vereinsspitze nicht mehr ausschließlich aus hochrangigen Angestellten der Red Bull GmbH besteht.

Neben einer Forderung der Deutschen Fußball-Liga und einer bestehenden Konkurrenzfähigkeit, waren auch neue strategische Partner ein wichtiger Punkt, der der Neustrukturierung beigetragen hat. Ebenso stellte die Frage, ob man noch ein ideeller Verein sei, den Verein vor diese wichtige steuerrechtliche Entscheidung.

2 Haftung im Sport

Der Sport genießt heutzutage eine immer größer werdende Beliebtheit. Aus diesem Grund spielt besonders die Haftung im Sport spielt eine große Rolle. Die Frage wer, wann und in welchem Maße haftet, ist je nach Auslegung der einzelnen Präzedenzfälle genau definiert.

2.1 Haftung – Teil I

Zur Beurteilung des vorliegenden Falls werden folgende Punkte eines Schemas nach § 230 BGB näher ausgewertet, da eine Haftung aus einem Schuldverhältnis vorliegt:

- Schuldverhältnis (+)
- Pflichtverletzung (+)
- Vertreten müssen
- Kausal verursachter Schaden (+)

Grundlage diese Falls bildet ein Schuldverhältnis, welches aus dem Kaufvertrag einer Eintrittskarte des Vereins resultiert. Im vorliegendem Fall liegt ebenfalls eine Rechtsgutverletzung vor, welche darin bestand, dass der Körper eines Zuschauers bei einem Eishockey mittels einem Puck verletzt wurde. Es kam zu dieser Läsion, da das Auffangnetz hinter einem Tor beschädigt war. Das Netz wurde vom Verantwortlichen zuletzt nur noch gelegentlich kontrolliert. Dem, für die Kontrolle der Netze Verantwortlichen kann man somit eine Fahrlässigkeit vorwerfen. Weiter ist zu erwähnen, dass der Verein seinen Zuschauern gegenüber eine gewisse Sorgfaltspflicht hat, welche hiermit missachtet wurde. Somit kann der Verletzte auf Grundlage des § 31 BGB stellvertretend den Verein zur Haftung heranziehen. Abschließend ist zu sagen, dass eindeutig eine haftungsbegründete Kausalität vorliegt und somit der Verein für die Behandlungskosten des Zuschauers aufkommen muss.

2.2 Haftung – Teil II

Es liegt im nachstehenden Fall keine Vertragsbeziehung nach § 280 BGB zwischen der Sauerland Event GmbH und dem Kraftfahrer vor. Somit werden zur Beurteilung des vorliegenden Falls, folgende Punkte zum Anspruch der Haftung aus einem Delikt nach § 823 BGB näher ausgewertet:

- Rechtsgutverletzung (+)
- Verletzungshandlung
- Haftungsbegründete Kausalität (-)
- Rechtswidrigkeit (+)
- Verschulden nach § 276 BGB (+)

Der folgende Fall basiert auf einer Rechtsgutverletzung in Form einer Körperverletzung und eventueller Verletzung der Gesundheit. Um den Handlungshergang des Unfalls zu beschreiben, ist zu erwähnen, dass der Kraftfahrer Klaus den Profiboxer Arthur Abraham unmittelbar vor einem großen Kampf angefahren und schwer verletzt hat. Infolge dieser Verletzung kann der Boxer an einer sportlichen Veranstaltung nicht teilnehmen. Da der Veranstalter dieses Events nun die Eintrittsgelder für den geplanten Kampf zurückerstatten muss, verlangt die Sauerland Event GmbH als Organisator der Boxveranstaltung einen Schadensersatz vom Kraftfahrer. Da hier allerdings keine haftungsbegründete Kausalität vorliegt, hat die Sauerland Event GmbH keinen Anspruch auf einen Schadensersatz. Es liegt zwar ein rechtswidriges Verhalten des Kraftfahrers vor, da dieser Fahrlässig mit einer verkehrswidrigen Fahrweise handelte, jedoch besteht der einzige Anspruch einer Haftung gegenüber des Boxers Arthur Abraham. Dieser könnte nach vorangegangener Prüfung eine Schadensersatzzahlung basierend auf § 823 BGB verlangen.

2.3 Haftung – Teil III

Es liegt keine Vertragsbeziehung nach § 280 BGB vor. Eine mögliche Haftungsgrundlage bildet somit die Haftung aus einem Delikt nach § 823 BGB.

- Rechtsgutverletzung (+)
- Verletzungshandlung
- Haftungsbegründete Kausalität (-)
- Rechtswidrigkeit (+)
- Verschulden nach § 276 BGB (+)

Der vorliegende Fall basiert auf einer Körperverletzung während eines Fußballspiels. Diese Rechtsgutverletzung kam durch ein Foul des Abwehrspielers Schmidt an den Stürmer Meier zustande. Es liegt zwar eine Haftungsbegründete Kausalität vor durch einen groben Regelverstoß vor, jedoch kann diese Handlung von einem Richter als zuvor bekanntes Risiko der Sportart gewertet werden. Die Haftungsprivilegierung ist somit abhängig vom Gefahrenpotenzial der Sportausübung. Da der Fußball im allgemeinen eine körperbetonte Sportart ist und man hier sicher weder von einer Ungeschicktheit noch einer mangelnden Reaktionsfähigkeit sprechen kann, stehen die Chancen einer Haftung eher gering. Hier zählt lediglich das Ermessen des Gerichts, wie die Härte des Fouls in diesem Einzelfall ausgelegt wird.

3 „Arbeitsrecht" im Sport

Da der Sport eine immer größere Bedeutung in der Gesellschaft bekommt, ist es von Nöten, auch in diesem Bereich die Arbeitsrechtlichen Fragen klar zu definieren. Dabei beschränkt es sich nicht nur auf Profisportler, sondern diese rechtlichen Grundlagen haben auch bereits im Amateurbereich eine sehr große Bedeutung.

3.1 „Arbeitsrecht"/Sozialversicherungsrecht – Fall I

Im vorliegendem Fall ist zu beurteilen, ob der beschriebene Sportler Henry S. als Selbstständiger oder als Arbeitnehmer anzusehen ist. Hierzu sind vorerst die Merkmale einer Selbstständigkeit herauszuarbeiten. Folgt man Wüterich und Breucker, so liegt unter anderem eine Selbstständigkeit vor, wenn das Training autonom vom Sportler gestaltet wird. Weiter definieren die Autoren, dass kein Angestelltenverhältnis vorliegt, wenn die Sportler frei über die Teilnahme an Wettkämpfen und Turnieren entscheiden dürfen (Wüterich & Breucker, 2006, S. 105). Da beide Punkte auf den Sportler Henry S. zutreffen, ist dieser somit der Selbstständigkeit zuzuordnen.

3.2 „Arbeitsrecht"/Steuerrecht – Fall II

Um allgemein eine Beurteilung vornehmen zu kommen, ob jemand als Arbeitnehmer definiert werden kann, muss zuerst dieser Begriff erläutert werden. So wird in der Literatur im Sport jemand als Arbeitnehmer bezeichnet, der das Training nicht völlig autonom gestaltet. Ebenso liegt ein Angestelltenverhältnis vor, wenn der Sportler nicht frei über die

Teilnahme an sportlichen Wettkämpfen oder Turniere entscheiden kann (Wüterich & Breucker, 2012, S. 154). Das Nichtvorhandensein eines schriftlichen Vertrags nicht relevant, da laut § 126 BGB der Arbeitsvertrag keinen gesetzlichen Voraussetzungen unterliegt. Rein rechtlich ist also ein mündliches Abkommen vollkommen ausreichend. Vergleicht man nun diese Aspekte mit den Spielern des beschriebenen Vereins, so sind die Sportler als Arbeitnehmer einzustufen.

3.3 „Arbeitsrecht"/Sozialversicherungsrecht – Fall III

Im vorliegendem Fall handelt es sich um ein, auf drei Jahre befristetes Arbeitsverhältnis mit einer monatlichen Endgeldzahlung von 2500 €, dem Zuspruch eines Dienstwagens, sowie einer jährlich gezahlten Bonusvergütung. Dem weisungsgebundenen Trainer wird der Ort, sowie die Zeit des durchzuführenden Trainings vorgeschrieben. Weiter ist das Spielgeschehen während der Saison Fremdbestimmt. Zuletzt ist zu erwähnen, dass zwar ein Strafen-Katalog und das Durchführen von Sondertrainingseinheiten selbst gestaltet werden kann, dies jedoch in Abstimmung mit dem Vorsitzenden des Vereins stattfinden muss. Zusammenfassend lässt sich also sagen, dass die Aspekte der Weisungsgebundenheit, Fremdbestimmung und Abhängigkeit, sowie das Vorhandensein eines Arbeitsvertrags für ein Arbeitnehmerverhältnis spricht (Schlaffke & Plünnecke, 2018, S. 155 f.). Der Trainer ist somit versicherungspflichtig beschäftigt.

4 Sponsoringvertrag

Nachfolgend wird ein musterhafter Sponsoringvertrag aufgezeigt.

Sponsoringvertrag

zwischen

der EnduranceNutrition AG, vertreten durch den Vorstandsvorsitzenden
Eduard Fitmann, Laufstraße 17, 66346 Musterstadt

– nachfolgend „**Sponsor**" genannt –

und

dem Lauftreff-Freunde Köllertal e.V., vertreten durch die Vorstände
Maximilian Mustermann, Musterstraße 27, 66346 Musterstadt
und
Mariella Musterfrau, Musterstraße 3, 66346 Musterstraße

– nachfolgend „**Gesponserter**" genannt –

wird folgender Sponsoringvertrag geschlossen:

Der Gesponserte ist Veranstalter einer, auf regionaler Ebene erfolgreicher Straßenlauf-Serie. Ausgetragen wird dieser sportliche Wettkampf an vier Standorten im Saarland und wird zwischen regionalen, nationalen und internationalen Spitzenläufern ausgetragen.
Der Sponsor ist Hersteller für Nahrungsergänzungsmittel, welcher international agiert. Das Hauptaugenmerk des Sponsors liegt auf Produkte, welche speziell für den Ausdauersport geeignet sind.

§ 1 Leistungen des Sponsors
1. Der Sponsor stimmt zu, mindestens eine regionale Werbekampagne pro Lauf zu starten.
2. Der Sponsor stimmt einer termingerechten Zahlung von insgesamt 110.000,- € zu

§ 2 Leistungen des Gesponserten
1. Der Sponsor verpflichtet sich, bei jedem der vier Standorte exklusive Verkaufs- und Informationsstände für den Sponsor bereitzustellen.
2. Am Checkpoint nach 5km der jeweiligen Laufstrecken werden Getränke des Sponsors für die Läufer bereitgestellt.
3. Bei jedem Lauf wird der Sponsor mindestens drei Mal per Durchsage über die Lautsprecher erwähnt.

§ 3 Gefahrtragung/Leistungsstörung
1. Der Gesponserte haftet nicht für Schäden aufgrund des Ausfalls oder der Störung einer oder mehrere Läufe.

§ 4 Wettbewerbsverbote
1. Den Läufern werden während des Laufes ausschließlich Getränke des Sponsors bereitgestellt.

§ 5 Exklusivität
1. Der Sponsor darf als alleiniges Unternehmen den Titel „Hauptsponsor" des Saar-LaufCup zu werbezwecken verwenden.
2. Der Sponsor hat das erste Anrecht darauf, das Zielband auf eigene Kosten zu bedrucken. Falls dies nicht erwünscht ist, wird die Option an einen weiteren Sponsor abgegeben.

§ 6 Laufzeit und Optionsrechte
1. Die Grundlaufzeit des Sponsoringvertrags erstreckt sich über einen Zeitraum von sechs Monaten (März bis August).
2. Eine ordentliche Kündigung ist während der Vertragslaufzeit ausgeschlossen.

§ 7 Abstimmungsklausel; Vertraulichkeit
1. Beide Parteien stimmen zu, während und auch nach Vertragsende keine Inhalte dieses Vertrags an Dritte weiterzugeben.

§ 8 Zahlungsmodalitäten, Kommunikationsgarantie
1. Der Sponsor verpflichtet sich zu einer Termingerechten Zahlung in vier Raten in Höhe von je 25.000,- €. Zusätzlich wird für die erste Rate eine weitere Zahlung von 10.000,- € vereinbart.
2. Die erste Zahlung ist spätestens sechs Wochen vor dem ersten Event zu leisten. Die weiteren drei Raten sind vier Wochen vor jedem der Läufe auf folgendes Konto zu überweisen:

Kontoinhaber: Maximilian Mustermann
Name der Bank: SparBank Musterstadt
IBAN: DE71 6352 0000 0162 7225 84
BIC: BRLADE66MTS
Verwendungszweck: Spnsrng Saar-LaufCup

§ 9 Haftungsausschluss, Erfüllungsinteresse
1. Der Gesponserte haftet nicht für das Erreichen der betriebsintern angestrebten Ziele des Sponsors wie beispielsweise Erweiterung des Bekanntheitsgrades oder einer Imageverbesserung.

§ 10 Wohlverhalten, Vertragsstrafen
1. Bei einem Vertragsbruch fällt eine Zahlung von 500.000,- € an.
2. Bei einem Zahlungsverzug fallen Zinsen in Höhe von Fünf Prozent je Tag an.

§ 11 Kündigungsklausel
1. Die ordentliche Kündigung ist während der Vertragslaufzeit grundsätzlich ausgeschlossen.

Ort, Datum   (Unterschrift „Sponsor")

Ort, Datum   (Unterschrift „Geponserter")

Abb. 1: Sponsoringvertrag (eigene Darstellung)

5 Steuerliche Aspekte im Sport- und Vereinsrecht

Um das Vereinswesen und die Gemeinnützigkeit weiterhin zu unterstützen, winken den Vereinen zahlreiche Vorteile. Folgend sind einige steuerrechtliche Überlegenheiten gegenüber Wirtschaftsunternehmen aufgeführt.

5.1 Steuerliche Sphären

Um die Gemeinnützigkeit zu fördern und zu unterstützen, ist ein Verein, welcher dieses Merkmal prägt, teils steuerrechtlich begünstigt (Dehesselles & Bragrock, 2012, S. 47). Folgend werden verschiedenste Einnahmen eines Vereins den vier steuerlichen Sphären zugeordnet.

Mit der ideellen Sphäre beginnend, sind die Einnahmen aus Mitgliedsbeiträgen zu erwähnen. Diese belaufen sich im vorliegenden Verein auf jährlich 38.880€ und sind sowohl von der Körperschafts- als auch der Gewerbesteuer befreit (Jäck, 2012, S. 351).

Aus dem Bereich der Verpachtung, welcher im Jahr 42.000€ einbrachte, sind der Vermögensverwaltung zuzuordnen. Alle Beträge dieser Sphäre sind Ertragssteuerfrei (Dehesselles & Bragrock, 2012, S. 47f.).

Eine weitere steuerliche Sphäre bildet der Zweckbetrieb. In diese Kategorie fallen Einnahmen aus sportlichen Veranstaltungen in Höhe von 42.000€. Einnahmen dieses Bereiches bieten eine Steuerbefreiung, sofern der Betrag jährlich 45.000€ nicht überschreitet (Jäck, 2012, S. 352). Da diese Grenze vom Verein unterschritten wurde, genießt er in dieser Sphäre die Steuerbefreiung.

Die letzte Sphäre bildet der wirtschaftliche Geschäftsbetrieb. Da hier eine reguläre Teilnahme am wirtschaftlichen Geschehen stattfindet, existieren hier keine besonderen steuerlichen Befreiungen. Eine Ausnahme liegt hier jedoch für kleine Vereine vor, liegen die Einnahmen dieser gemeinnützigen Vereine jährlich unter 35.000€, so liegt auch hier eine Befreiung von Körperschafts- und Gewerbesteuer vor. Wird diese Grenze überschritten, schreibt man dem Verein jedoch einen Freibetrag von 5.000€ zu (Dehesselles & Bragrock, 2012, S. 48-50). Um diese Sphäre auf das Fallbeispiel zu projizieren, sind die Einnahmen aus der Vereinskantine in Höhe von 27.000€ und die Einnahmen aus Sponsoring in Höhe von 45.000€ zu nennen. Addiert man diese Beträge, so ergibt sich eine Summe von 72.000€. Abzüglich des Freibetrags liegt somit noch eine zu versteuernde

Summe von 67.000€ vor, was einen Betrag an anfallender Körperschaftssteuer von 10.050€ und zu zahlender Gewerbesteuer in Höhe von 9.380€ entspricht.

5.2 Umsatzsteuer

Das vergangene Geschäftsjahr des MusterVerein e.V. weist folgende, finanzielle Zu- und Abgänge auf:

- Der Verein verzeichnete im letzten Geschäftsjahr Einnahmen in Höhe von 3.500€ durch echte Mitgliedsbeiträge.
- Durch die Verpachtung eines Vereinsgrundstücks erhielt der Verein monatlich 880€.
- Einnahmen von 60€ pro Person bei einem veranstalteten Hindernislauf. An dieser Veranstaltung nahmen 550 nicht bezahlte Sportler kostenpflichtig teil.
- Aus der Gewinnung eines neuen Sponsors, welcher auf den Trikots vertreten ist, erhält der Verein jährlich 37.500€. Diese Werbefläche auf den Trikots wurde für 2 Jahre gemietet.

Die ideelle Sphäre wird verdeutlicht durch den Ersten Geschäftsfall. Die Einnahmen in Höhe von 3.500€ für echte Mitgliedsbeiträge sind diesem Bereich zuzuordnen und somit befreit von Körperschafts-, Gewerbesteuer und auch Umsatzsteuer.
Die Vermögensverwaltung bildet eine weitere, der vier Sphären. Unter diese Rubrik fallen die Einnahmen von monatlich 880€ aus der Verpachtung eines Vereinsgrundstücks, welche von der Ertragssteuer- und auch Umsatzsteuerbefreit sind. 33.000€ konnte der Verein aus einer Sportveranstaltung ohne bezahlte Sportler verzeichnen. Dieser monetäre Wert ist dem Zweckbetrieb zuzuordnen. Addiert man die weiteren Einnahmen aus Sportveranstaltungen des MusterVerein e.V., so ergibt sich eine Summe von 43.780€. Da diese Summe die Grenze von 45.000€ jährlich nicht überschreitet, sind ebenfalls diese Einnahmen steuerfrei. Um auch hier auf die Umsatzsteuer einzugehen, ist zu erwähnen, dass die Ausgaben dieses Bereiches im selben Geschäftsjahr 29.750€ betrugen. Somit ist also auch hier keine Umsatzsteuer fällig. Als letzten Geschäftsfall sind Einnahmen aus der Vermietung für die Werbefläche auf den Trikots zu nennen. Da diese Einnahmen dem wirtschaftlichen Geschäftsbetrieb zuzuordnen sind, sind hier keine Vorteile zu verzeichnen, weshalb der Verein den Betrag wirtschaftsüblich zu versteuern hat. Somit fallen also auch

hier die üblichen 19 Prozent Umsatzsteuer an, da es sich um eine aktive Werbetätigkeit handelt (Schlaffke & Plünnecke, 2018, S. 137-139).

6 Literaturverzeichnis

Dehesselles, T. & Bragrock, C. (2012). Vereinsführung – Rechtliche und steuerliche Grundlagen. In A. Galli, V.-C. Elter, R. Gömmel, W. Holzhäuser & W. Straub (Hrsg.), *Sportmanagement. Finanzierung und Lizensierung, Rechnungswesen, Recht und Steuern, Controlling, Personal und Organisation, Marketing und Medien* (2., völlig überarbeitete Aufl., S. 38-52). München: Vahlen.

Holzschuh, R. (2018). Kicker. Sonderheft Bundesliga 2018/19. *Kicker*, 103-105.

Jäck, S. (2012). Ertragssteuern im Sport. In G. Nufer & A. Bühler (Hrsg.), *Management im Sport. Betriebswirtschaftliche Grundlagen und Anwendungen der modernen Sportökonomie* (Sportmanagement, Bd. 1,3., neu bearbeitete und erweiterte Aufl., S. 342-375). Berlin: Erich Schmidt.

RasenBallsport Leipzig. (2018). *Wir sind Leipzig*. Zugriff am: 16.09.2018. Verfügbar unter: https://www.dierotenbullen.com/de/klub/informationen/ueber-uns.html

Schlaffke, W. und Plünnecke, A. (2018). *Studienbrief Sport- und Vereinsrecht* (Rev. 19.014.000). Saarbrücken: Deutsche Hochschule für Prävention und Gesundheitsmanagement.

Welt. (2014). *RB Leipzigs 14 Mitglieder stimmen für Klub-Umbau*. Zugriff am: 18.09.2018. Verfügbar unter: https://www.welt.de/sport/fussball/2-bundesliga/article134955547/RB-Leipzigs-14-Mitglieder-stimmen-fuer-Klub-Umbau.html

Wüterich, C. & Breucker, M. (2006). *Das Arbeitsrecht im Sport*. Stuttgart: Boorberg.

Wüterich, C. & Breucker, M. (2012). Das Arbeitsrecht im Sport. In J. Adolphsen, M. Nolte, M. Lehner & M. Gerlinger (Hrsg.), *Sportrecht in der Praxis* (Rechtswissenschaften und Verwaltung. Handbücher, S. 145-195). Stuttgart: Kohlhammer

7 Abbildungsverzeichnis

Abb. 1: Sponsoringvertrag (eigene Darstellung) 11

BEI GRIN MACHT SICH IHR WISSEN BEZAHLT

- Wir veröffentlichen Ihre Hausarbeit, Bachelor- und Masterarbeit

- Ihr eigenes eBook und Buch - weltweit in allen wichtigen Shops

- Verdienen Sie an jedem Verkauf

Jetzt bei www.GRIN.com hochladen und kostenlos publizieren